Avril 1873

Vente des Mercredi 16 et Jeudi 17 Avril 1873.

SALLE N° 3.

COLLECTION DE M. H. R...

(Henry Rey)

OBJETS D'ART

CIRES — BRONZES ANTIQUES

MARBRES

BOIS SCULPTÉS — FAIENCES

MINIATURES — TABLEAUX

Exposition publique :

Le Mardi 15 Avril 1873

Me CHARLES PILLET,
COMMISSAIRE-PRISEUR
10, rue de la Grange-Batelière

MM. DHIOS & GEORGE
EXPERTS
rue Lepeletier, 33.

EXEMPLAIRE DE DHIOS

16 avril 1873

COLLECTION

D'OBJETS D'ART

ET DE CURIOSITÉ

DE M. H. R...

Cires des XVIe, XVIIe et XVIIIe siècles
Bas-relief en marbre — Bronzes antiques et autres
Bijoux — Pierres gravées
Terres cuites — Faïences de Castelli et Majoliques italiennes
Cabinet florentin
Beaux Cadres en bois sculpté — Tapisserie — Étoffes

DESSINS — MINIATURES — TABLEAUX

ET DONT LA VENTE AURA LIEU

HOTEL DROUOT, SALLE N° 3

Les Mercredi 16 et Jeudi 17 Avril 1873,

A DEUX HEURES.

———————

Par le ministère de Me CHARLES PILLET, Commissaire-Priseur,
10, rue de la Grange-Batelière,

Assisté de MM. **DHIOS** et **GEORGE**, Experts, 33, rue Lepeletier,

Chez lesquels se distribue le présent Catalogue.

———————

Exposition publique: *Le Mardi 15 Avril 1873*
DE UNE HEURE A CINQ HEURES.

CONDITIONS DE LA VENTE

Elle sera faite au comptant.

Les adjudicataires payeront *cinq pour cent* en sus des enchères,

L'exposition mettant le public à même de se rendre compte de l'état des objets, il ne sera admis aucune réclamation une fois l'adjudication prononcée.

Paris — Typ. Pillet fils aîné, rue des Grands-Augustins, 5.

DÉSIGNATION DES OBJETS

CIRES

1 — Sainte Cécile jouant de l'orgue. Figure en haut relief modelée en cire colorée. 2 o

> La sainte est représentée sous les traits d'une jeune femme vêtue d'un riche costume, assise devant un orgue sur lequel elle appuie ses deux mains. Ses yeux sont dirigés vers le ciel. L'expression de son visage traduit l'inspiration et l'extase. Deux anges, sous les traits de jeunes enfants, sont à ses côtés. L'un fait mouvoir du pied le soufflet de l'orgue ; l'autre, le regard attaché sur un livre de musique qu'il tient ouvert, semble chanter à l'oreille de la sainte les airs que celle-ci cherche à reproduire sur l'instrument.
>
> Travail italien du xvie siècle.
>
> Dimension du sujet: Haut. 12 cent.
> Larg., 14 cent.

2 — Portrait de Philippe II, roi d Espagne, modelé en cire colorée. 2 o

> Le roi est vêtu d'un costume sombre, la tête couverte. Sur sa poitrine pend, au bout d'une chaîne, l'ordre de la Toison-d'Or. Les nombreuses gravures représentant le même souverain, et surtout le portrait peint par Titien, que possède le musée de Naples, ne laissent subsister aucun doute sur l'identité du personnage.

3 — PORTRAIT DE DON CARLOS, fils de Philippe II.

> Il est représenté de profil. la tête couverte d'un chapeau orné de plumes et de trois rangs de perles, richement costumé et portant le grand collier de la Toison-d'Or.

4 — PORTRAIT D'HOMME, tête nue, vêtu de noir et décoré de la Toison d'or.

5 — PORTRAIT D'HOMME revêtu d'une cuirasse.

6 — PORTRAIT DE JEUNE PRINCESSE, parée de colliers de perles et tenant un chien sur son bras.

7 — PORTRAIT DE FEMME vue de trois quarts, avec un col à fraise et parée de pierreries.

8 — PORTRAIT DE FEMME vue de trois quarts. Costume Henri IV.

> Les cires qui précèdent, toutes du xvie siècle, proviennent de l'ancienne maison Vargas-Macciucca, de Naples.

9 — PORTRAIT DE JEUNE PRINCESSE, richement costumée, tenant une rose à la main. xviiie siècle.

> On lit au dos de cette cire le renseignement suivant : Portrait de Lucrezia Farnèse, fille de Cosme II de Médicis, duc de Toscane.

10 — PORTRAIT DE MARIE-CAROLINE, reine de Naples, sœur de Marie-Antoinette.

> Sur le fond, à gauche, est inscrite la date : 1793.

SCULPTURES

11 — Bas-relief en marbre, de Duquesnoy (François), dit François Flamand ; 1594-1646.

Sept enfants se divertissent autour d'une chèvre L'un d'eux, appliquant sur son visage un masque tragique, effraie l'animal qui fait un mouvement en arrière, tandis que deux autres le forcent d'avancer, le premier en le saisissant par les cornes, le second en le fouettant avec une branche de palmier. D'autres groupes se meuvent au second plan, dans des poses diverses, de manière à former le plus gracieux ensemble.

L'habileté de l'exécution, la vérité et le moelleux des chairs, permettent de classer ce marbre parmi les œuvres les mieux finies du maître. On en trouve une description des plus élogieuses dans l'ouvrage italien : *Serie degli nomini i piu illustri*, etc., Florence, 1774, tome 10, p. 28, Biographie de François Duquesnoy.

La patine blonde qui le recouvre lui donne l'aspect d'un ancien ivoire.

Dimension : Larg., 50 cent.; haut., 28 cent.

12 — Fragment de bas-relief antique en marbre, représentant un jeune faune assis jouant de la flûte de Pan.

La tête manque ainsi qu'une partie des jambes. Le torse et les bras intacts sont intéressants par la sobriété des contours, leurs proportions harmonieuses et l'exactitude du modelé.

BRONZES

—13 — Hercule adolescent, en bronze antique.

La massue repose, inerte encore, sur son bras gauche. Il tient, de sa main droite, un vase contenant du vin.

Le type du visage, l'élégance des formes, le style de l'ensemble, révèlent, dans ce bronze, son origine grecque.

Il est recouvert d'une patine vert-foncé, lisse comme du marbre poli.

Hauteur de la statuette sans piédestal : 15 cent.

—14 — Hercule vainqueur, en bronze antique.

Le héros est représenté dans tout le développement de sa force. La peau du lion de Némée pend sur son bras ; il tient dans sa main les pommes des Hespérides et repose sa massue en l'appuyant sur la terre.

Remarquable par la finesse de la ciselure.

Base de porphyre.

—14 bis. — Mercure, bronze antique. Belle patine.

—15 — Triton à cheval sur une tortue et soutenant une coquille au-dessus de sa tête.

—16 — Faune aux cymbales, bronze italien du xvie siècle, d'après l'antique.

—17 — Junon, statuette, bronze italien. xvie siècle.

—18 — Neptune, statuette en bronze doré, sur socle en albâtre.

—19 — Sept statuettes et figurines en bronze doré, Atlas, Amours, Vénus, etc.

20 — DEUX FIGURINES, style Louis XV, le Chien savant et le Miroir, posées sur terrasses rocaille.

21 — TRENTE PIÈCES, bronzes antiques : statuettes, Hercule, Mercure, agrafes, fibules, bracelets.

22 — HUIT MÉDAILLES, empereurs romains.

23 — TROIS FIGURINES D'AMOURS.

24 — ENVIRON VINGT PIÈCES, bronzes italiens, lampe, boîte de montre, mascarons, ornements d'applique, chapiteaux, etc.

BOIS SCULPTÉS

CADRES

25 — DEUX CADRES ITALIENS, en bois sculpté, provenant de la maison Farnèse, ainsi que l'atteste la couronne bien connue supportée au sommet par l'un des trois génies.

Les enroulements, les rinceaux, les figures, se mariant dans le plus heureux ensemble, et le modelé magistral des enfants, dénotent la main d'un artiste à la fois habile ornemaniste et grand sculpteur.

Ces deux cadres, qui font pendant, diffèrent dans chacun de leurs détails.

Ils ont figuré, jusque dans ces derniers temps, dans la galerie Anguissola-Poggi de Plaisance.

Dimension : Haut., 56 cent.

Larg., 35 cent.

26 — BOIS SCULPTÉ. Deux statuettes d'enfants, formant torchères. XVIIe siècle.

27 — DEUX MIROIRS italiens, avec encadrements en bois sculpté et doré à figures d'enfants, baldaquin et rideaux, riche ornementation dans le style de Berain.

28 — DEUX MIROIRS, semblables aux précédents.

29 — CADRE DU XVI⁰ siècle, en bois plaqué d'ébène. Il est enrichi d'ornements en pâte modelés en relief et recouverts de feuilles d'argent.

30 — REPRODUCTION du cadre précédent. Ebène et feuilles d'argent. Beau travail moderne.

31 — CADRE à filets d'ébène et compartiments ornés de bas-reliefs en pâte, recouverts de feuilles d'argent, sujets de sainteté.

32 — BEAU MIROIR du XVI⁰ siècle, cadre d'ébène à moulures et guillochis.

32 *bis.* — DEUX CADRES à moulures, en ébène.

33 — COLLECTION DE SOIXANTE-QUINZE cadres italiens en bois sculpté, pour tableaux, miniatures, etc. Quelques-uns très-riches d'ornementation. Ce lot sera divisé.

34 — JOLIE GLACE ovale en bois sculpté et argenté ; ornements rocaille.

TERRES CUITES

35 — Environ soixante pièces, têtes et fragments de statuettes en terre cuite, et série de vases de diverses dimensions, grecs, romains et égyptiens.

MEUBLE

36 — CABINET FLORENTIN à porte centrale et nombreux tiroirs plaqués d'ébène et encadrés de moulures guillochées.

Il est enrichi d'ornements d'applique et de branchages en bronze doré, de cabochons et de fruitages en pierres de couleurs. Une galerie à balustre, surmontée de bustes de philosophes et de statuettes en bronze, couronne ce meuble qui repose sur sa table-console à pieds tors.

FAIENCES

37 — CASTELLI. Assiette décorée de figures de villageoises avec bordure à fleurs et amours ; cadre octogone à moulures d'ébène, ornements en cuivre et pierres de couleurs.

38 — CASTELLI. Assiette, Neptune et Amphitrite ; bordure d'amours, rehauts d'or.

39 — CASTELLI. Deux coupes décorées de jeux d'enfants (monogramme). Encadrements en bois de noyer sculpté. Rehauts d'or.

40 — CASTELLI. Plaque rectangulaire, paysage avec ruines d'architecture et personnages, etc.

41 — CASTELLI. Assiette, Suzanne et les vieillards ; marli à figures d'amours tenant des fleurs.

42 — CASTELLI. Deux assiettes, paysages et palais à colonnes.

43 — CASTELLI. Plaque de forme ronde, l'Évanouissement d'Esther.

44 — CASTELLI. Trois plaques rondes, paysage, architecture et figures.

45 — CASTELLI. Grande coupe, Suzanne et les vieillards ; amours et fleurs dans la bordure.

45 *bis.* — CASTELLI. Sainte Famille.

46 — DOUZE CORNETS, de diverses dimensions, variés de décor, en ancienne faïence des fabriques d'Urbino, Castel-Durante, etc., seront divisés sous ce numéro.

47 — VASE A PIÉDOUCHE et à anses détachées ; décor à fleurs et papillons. Ancienne fabrique des Abruzzes.

48 — VASE, forme ovoïde, décor à trophées et médaillon à figures.

49 — THÉIÈRE à anse et goulot à tête chimérique. Époque Louis XV.

50 — POT A SURPRISE, goulot à trèfle.

51 — QUATORZE PIÈCES, plats, assiettes et coupes de diverses fabriques italiennes, seront vendues sous ce numéro.

52 — Deux tasses et deux soucoupes en Capo di Monte, décorées de figures.

BIJOUX — OBJETS VARIÉS

53 — Émeraudes. Treize émeraudes taillées en camées, têtes de femmes.

54 — Montre. Petite montre Louis XVI en or, ornée d'un émail, portrait de jeune femme, avec encadrement et entourage en jargons.

55 — Montre. Petite montre Louis XVI, analogue à la précédente.

56 — Petite broche Louis XVI en argent et marcassites, surmontée d'un nœud de rubans.

57 — Petit étui Louis XV, argent repoussé et doré, ornements rocaille et personnages.

58 — Deux cadres en filigrane d'argent.

59 — Petit cadre ovale argent, ornementation à jour.

60 — Bague marquise, argent et jargons.

61 — Huit petits émaux, têtes de femmes, portraits, reliquaires de diverses époques ; seront divisés.

62 — SIX INTAILLES et pierres gravées, cornaline, améthyste.

63 — QUINZE MÉDAILLES argent, grecques et romaines.

64 — EVENTAIL en vernis Martin, comédiens dans un parc.

65 — GRANDE MONTRE en or, dans sa boîte en marqueterie de cuivre.

66 — PETIT CARTEL en argent repoussé, orné de pierres de couleurs, travail allemand.

67 — PETITE COUPE en agate, monture émaillée, travail moderne.

68 — Petite boîte en porcelaine de Saxe, décor genre Watteau.

69 — Batterie de fusil en fer ouvragé à rinceaux, têtes chimériques et mascarons. XVIIe siècle.

70 — Petite boîte en cuivre repoussé, décorée de personnages mythologiques.

71 — Plat en cuivre repoussé à armoiries et mascarons, et rinceaux découpés à jour. Fin du XVIe siècle.

MINIATURES

72 — CHARLIER. Jeune femme au bain.

73 — Miniature sur ivoire, portrait de Marie-Antoinette.

74 — Portrait du peintre Mieris.

75 — Dix-huit miniatures sous ce numéro.

76 — Collection d'environ cent miniatures à l'huile, de diverses époques, personnages historiques. Partie de ces miniatures sont ornées de cadres en bois sculpté, ou en cuivre ciselé.

77 — Quatre peintures sur verre, figures mythologiques, signées d'un monogramme.

TABLEAUX

LORENZO LOTTO

78 — Portrait d'Alphonse d'Este, duc de Ferrare.

Il est représenté à mi-corps, de trois quarts, en costume de satin noir, avec plastron bouillonné et manchettes de dentelle, la tête coiffée d'une toque de velours surmontée d'une plume noire. La main gauche est appuyée sur la garde de son épée et la droite sur le ceinturon.

MONTANI (GIUSEPPE)

— 79 — Portrait de l'auteur.

Il tient de la main droite un pinceau, et de la gauche son ouvrage : *Parallèle entre la peinture et la poésie.* On lit sur un arceau la signature de l'artiste ainsi tracée : *Joseph Montanus pictor et poeta, an 62.*

LAIRESSE (GÉRARD DE)

80 — Phryné consacrant son miroir à Vénus.

Cadre en bois sculpté.

TITIEN (Ecole de)

81 — Nymphe couchée.

Cadre en bois sculpté.

INCONNU

82 — Portrait de Marie Touchet.

Cadre ancien dans le style de la Renaissance. En haut du panneau, on lit l'inscription : *Marie Touchet, maîtresse du roi Charles neuvième.*

BOURGUIGNON (J. COURTOIS, dit LE)

83 — Choc de cavalerie.

Cadre Louis XIV en bois sculpté.

BOUCHER (École de)

84 — Les Bacchantes endormies.

Beau cadre Louis XIV en bois sculpté.

LEPRINCE

84 bis. — Sujet tiré des *Mille et une Nuits*.

———

DESSINS

TITIEN

85 — Vénus et l'Amour.

JULES ROMAIN (Attribué à)

86 — Sujet mythologique.

CALLOT

87 — Dessin à la plume.

SALVATOR ROSA (Attribué à)

88 — Les Disciples d'Émaüs.

DOMINICAIN (Attribué à)

89 — Sainte Famille.

INCONNU

90 — Vénus marine.
Gouache.

TAPISSERIES — ÉTOFFES

91 — Ancienne tapisserie, la mort de Sardanapale, avec une belle et large bordure de fleurs et de rinceaux.

92 — Huit coupons et bandes, anciennes soieries brochées et broderies des époques Louis XV et Louis XVI.

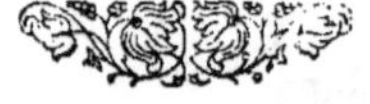

www.ingramcontent.com/pod-product-compliance
Lightning Source LLC
LaVergne TN
LVHW010814180726
843502LV00009B/3329